इंद्रधनुष

चोका संग्रह

डॉ. रंजना वर्मा

ISBN 978-93-5458-598-2

Published in India 2021 by Pencil

A brand of
One Point Six Technologies Pvt. Ltd.
123, Building J2, Shram Seva Premises,
Wadala Truck Terminal, Wadala (E)
Mumbai 400037, Maharashtra, INDIA
E connect@thepencilapp.com
W www.thepencilapp.com

Author biography

नाम - डॉ. रंजना वर्मा

जन्म - 15 जनवरी 1952, जौनपुर (उ0 प्र0) में ।

शिक्षा- एम. ए. (संस्कृत, प्राचीन इतिहास) पी0 एच0 डी0 (संस्कृत)

लेखन एवम् प्रकाशन - वर्ष 1967 से देश की लब्ध प्रतिष्ठ पत्र पत्रिकाओं में , हिंदी की लगभग सभी विधाओं में । कुछ रचनाएँ उर्दू में भी प्रकाशित ।

प्रकाशित कृतियाँ -

समर्पिता, कैकेयी का मनस्ताप, वैदेही व्यथा, संविधान निर्माता , द्रुपद सुता , सुदामा (सभी खण्ड काव्य), चन्द्रमा की गोद में (बाल उपन्यास), समृद्धि का रहस्य (बाल कथा संग्रह)। जज़्बात , ख्वाहिशें , एहसास , प्यास , रंगे उल्फ़त , गुंचा , रौशनी के दिए , खुशबू रातरानी की , ख़्वाब अनछुए (सभी ग़ज़ल संग्रह)। गीतिका गुंजन , सरगम साँसों की , रजनीगन्धा (गीतिका संग्रह) , सत्यनारायण कथा (पद्यानुवाद) । मुक्तक मुक्ता (मुक्तकों का संग्रह) । दोहा

सप्तशती । एक हवेली नौ अफ़साने , रास्ते प्यार के , अमला (उपन्यास)।सूर्यास्त (कहानी संग्रह) । साईं गाथा (महाकाव्य), गीत मीत के (गीत संग्रह)। शाम सुहानी ,यादों के दीप , ग़ज़ल मंदाकिनी (ग़ज़ल संग्रह)। आस किरन (ग़ज़ल संग्रह) , भावांजलि (गीतिका संग्रह) , बसन्त के फूल (कुण्डलिया संग्रह)।

'लौट आओ रुद्र' (उपन्यास का पूर्वार्द्ध) प्रेस में ।

सम्पादन –

मन के मोती , मकरंद , सौरभ , मौन मुखरित हो गया (चारो कविता संग्रह), अँजुरी भर गीत (गीत संग्रह), शेष अशेष (स्मृति ग्रन्थ), हास्य प्रवाह (हास्य व्यंग्य कविताओं का संग्रह) , थूकने का रहस्य , करामाती सुपारी (दोनों हास्य व्यंग्य संग्रह)।

प्रसारण –

गीत, वार्ता, तथा कहानियों का आकाशवाणी, फैज़ाबाद से समय समय पर प्रसारण।

सम्मान –

श्रीमती राजकिशोरी मिश्र सम्मान , श्रीमती सुभद्रा कुमारी चौहान स्मृति सम्मान , काव्यालंकार मानद उपाधि , छन्द श्री सम्मान , कुंडलिनी गौरव सम्मान , ग़ज़ल सम्राट सम्मान , श्रेष्ठ रचनाकार सम्मान , मुक्तक गौरव सम्मान , दोहा शिरोमणि सम्मान , सिंहावलोकनी मुक्तक भूषण सम्मान ।

सम्प्रति –

सेवा निवृत्त प्रधानाचार्या(रा0 बा0 इ0 कालेज जलालपुर, जिला अम्बेडकरनगर उ0 प्र0) से।

सम्पर्क सूत्र – ranjana.vermadr@gmail.com

CONTENTS

अनुक्रम

59 -नदी

60 -शिव

चोका काव्य विधान

विधान :--

◦ यह जापानी काव्य की विधा है ।

◦ इसमें पंक्तियों की संख्या अनिश्चित होती हैं तथा उनका क्रम क्रमशः 5,7,5,7,5,7 वर्ण होता है ।

◦ कविता के अंत मे 7,7 की दो पंक्तियाँ होना अनिवार्य है।

◦ इसमें कम से कम 9 पंक्तियाँ होनी चाहिये ।

◦ अधिकतम की कोई सीमा नहीं है । जितनी भी लम्बी चाहें कविता लिखी जा सकती है ।

◦ वर्ण की गणना करते समय आधा वर्ण नहीं गिना जाता।

वन्दना

माँ सरस्वति !
दीजे विमल मति
करें उद्धार
डूबे न मंझधार
बेड़ा हो पार
कागज का लेखनी
करे सत्कार ।
रचनाएँ सदैव
भाव भरित
अलंकार भूषित
छन्द नूपुर
सदा रहें ध्वनित ।
करुणामयी !
करना अंगीकृत
श्रद्धा नमन
मानसिक अर्चन

करूँ अभिनन्दन ।

------------डॉ. रंजना वर्मा

कहाँ गयी वैदेही

राम का राज्य
सदा ही अविभाज्य
शून्य सदन ।
पूछ रहे हैं देही
राम की प्रिया
कहाँ गयी वैदेही ?
हो रहा यज्ञ
ऋषिगण हैं अज्ञ
नहीं है स्नेही
कहाँ गयी वैदेही ?
तुमने त्यागा
पावनता प्रमाण
तुम्ही ने मांगा ।
काँप उठे थे गेही
पवित्र मूर्ति
कहाँ गयी वैदेही ?

झूठा कलंक

लग गया मयंक

कम्पित गात

हुए भीत सुनते ही

कहाँ गयी वैदेही ?

वक्त की धूल

वक्त की धूल
जब जब छा जाती
धुंधला जाता
व्यक्तित्व का दर्पण
होने लगता
अशुभ आगमन
अमृत जैसे
गरल आचमन
राहें दुर्गम
अमंगलाचरण
ईश्वर कृपा
निज आत्म विश्वास
यही है संरक्षक।

जीवन

श्रेष्ठ जीवन
रखता आत्मबल
नित्य आनन्दी
रखता स्वाभिमान
सुख की धारा
बहती निरन्तर ।
नही बनता
अपर मुखापेक्षी
पद्म सदृश
या कि सूरजमुखी
सुख शाश्वत
नहीं मिलने पाता
रहते नित्य
दिवस भर सुखी
यामिनी भर दुखी ।

मन डायरी

खिले गुलाब
मन डायरी पर
गूँजने लगा
जीवन का संगीत
महक उठा
मन का कोना कोना
लगे न टोना
खुशबू लिये हवा
लगी चलने
हृदय में कौंधती
असह्य पीर।
तड़प जाग गयी
छलक उठी
नयनों की शराब
अश्कों के जाम
मन के हाथों थाम

घूँट भरते।
गहरी तनहाई
करे अधीर
मन हुआ बावरा
करें विकल
बीत गये जो पल
अतीत से निकल।

निर्मल मन

निर्मल मन
देख रहा गगन
आतप वात
कर रहे संघात
उत्तम तत्व
जीवन अमरत्व
मात्र जीवन
श्वांस आवागमन।
पूर्व दिशा से
उग आता सूरज
लुटाता सार
बन जाता अंगार
धूप समेट
विश्व से कर भेंट
उतर जाता
पश्चिम दिशा ओर

क्षितिज छोर।

चलता ही रहता

आवागमन चक्र।

बेटी

कोख लजातीं
बेटियाँ जनमतीं
तुच्छ विचार
करिये परिष्कार
जगे चेतना
अभिनव कल्पना
बेटी सहारा
निष्काम सेवा भाव
निश्छल प्यार
मधुर मनुहार
नहीं है भार
करतीं है उद्धार
दो दो कुलों का
नर को जो जन्माती
न तिरस्कृता

रहें सुता वनिता
सदैव सम्मानिता ।

एक दिन

यमुना तट
वंशीवट निकट
खड़ा साँवरा
बजा रहा मुरली
घर से चली
वृषभानु की लली
जल भरने
साँवरे को वरने
बढ़ी अकेली
न सखी न सहेली
छेड़े न कान्हा
मन मे विचारती
मन वारती
श्याम को निहारती
तिरछी दृष्टि
करती स्नेह वृष्टि

हृदय मुग्ध
स्वयं को रोका नहीं
पास जाने से
श्रवण पड़ी धुन
बाँसुरी सुन
छूट गयी गगरी
सुध बुध बिसरी।

मन

नदी किनारे
शीतल शिला पर
निर्मल मन
हो कर अवस्थित
सुनता रहा
जल की कलकल
उठी लहर
गिरती पल पल
श्वांसों के स्वर
करते हलचल
यादों के पल
नदी में ढूंढ रहा
माँ का आँचल
ममतामय साया
मन है भरमाया।

साँझ

ढलती साँझ
समन्दर की गोद
डूबता रवि
रक्त वर्ण आकाश
तरु के सिर
मचलतीं किरणें
पंछी लौटते
अपने नीड़ पर
गूँजता नभ
चहचहाहट से
सूरज खग
लहरों के घोंसले
दुबक गया
चाँदनी को फैलाता
चन्द्रमा मुस्कुराता।

पिता

प्यार से पाला
हृदय में संभाला
उँगली यहां
सिखा दिया चलना
करता रहा
जीवन समर्पित
सन्तति हित
सन्तान का कल्याण
सर्व प्रधान ।
पिता का यह ऋण
भूलना नहीं ।
देना वृद्ध हाथों को
नित्य सहारा
कभी न समझना
उसे आश्रित

शरीर प्रकम्पित
दृष्टि हुई बाधित ।

जीवन चक्र

नन्हा शैशव
राजा जैसा जीवन
गुजर जाता
आते ही बचपन
खेल खिलौने
ये खिलंदड़ापन
कराये मस्ती
जाते ही बचपन
आता यौवन
नहीं है परवाह
नहीं बन्दिश
मनचाहे कर्म की
करे कोशिश
करता मनमानी
पीर न जानी
लेकिन कब तक

ज्यों ही आती
बेदर्द वृद्धावस्था
विदा हो जाता
साथ मे लिये जाता
रूप सुरूप
सुख के अनुरूप
छोड़ है जाता
अशक्तता , झुर्रियाँ
सफेद बाल
टूटते जाते दाँत
व खालीपन ।
वफ़ादार बुढापा
साथ न छोड़े
रहता हमसफ़र
म्रत्यु पर्यन्त ।
न जमाने का डर
न छूटे देह - घर ।

पर्यावरण संरक्षण

सजल कूप
होने लगे अदृश्य
नदी का जल
अब हुआ अस्पृश्य
कटते वृक्ष
मिलती नहीं छाया
विचित्र माया
घिरती हैं घटायें
जल विहीन
पपड़ाने लगती
सूखी धरती
न होती बरसात
घुटती साँस
स्वच्छ वायु के बिना
न कहीं छाया
न अन्न फूल फल

न स्वच्छ हवा
न ही निर्मल जल
हुआ कठिन
सहज भाव जीना
अब तो चेतो
नदी न बने नाला
न काटो वृक्ष
बरसेंगे बादल
कूप तालाब
नदियाँ हों सजल
न उठे धुंआ
न वायु प्रदूषण
प्रसन्न मन
हर्ष भरा जीवन
हो जागरण
बचा पर्यावरण
जीवन संरक्षण।

इच्छा

क्या है जीवन
मात्र आवागमन
यह श्वांसों का
या इच्छा का भंडार
मुक्त उड़ान
सजग विश्वासों की
है पहचान
सुगढ़ आदर्शों की ।
पाती हैं स्थान
प्यासी अभिलाषाएं
मन निलय में
भटकता मानव
जीवन भर
उनकी पूर्ति हेतु
बावरा बन ।
कभी नहीं मरतीं

तृप्त न होतीं
रहती हैं जागृत
अनन्त काल तक ।

बूँद

नन्हीं सी बूँद
गिरी कपोल पर
सिहरा गात
टपकी होंठ पर
बुझाती प्यास
गिरी पंखुरी पर
ओस बूँद सी
तृण अंकुरों पर
दिखी मुक्ता सी
नन्हा सा जीवन था
हुआ सफल
हुआ थल सजल
पा प्यार भरा पल ।

बकरीद

सभी हैं खुश
आ गयी बकरीद
मिलन पर्व
सब देंगे दुआएँ
छोटे जनों को।
प्यार से पाले गये
सारे बकरे
जतन से सँभाले
होंगे जिबह
बिना किसी वजह
परम्परा के नाम।

खुद से मुलाक़ात

कितनी सूनी
मन की नगरिया
खाली ही रही
जीवन गगरिया
भजन बिना
उलझे हुए धागे
माया मोह के
मन जग से भागे
सब छोड़ के।
मन की व्याकुलता
नहीं ठहरी
दुख सुख की चोट
बड़ी गहरी
खुद से मुलाकात
अब कर भी डालो।

कामना का बीज

न जाने कैसे
हृदय भूमि पर
छिटक गया
निर्द्वन्द्व कामना का
नन्हा सा बीज
देखते ही देखते
फूटा अंकुर
बढ़ने लगा पौधा
बिना बाधा के
मिली अनुकूलता
नन्हा सा पौधा
बन गया विशाल
विवश मन
नहीं सका सँभाल
हो गया विकराल।

बेबस बुढ़ापा

वक्त का सलीब
कन्धों पर ढो रहे
बिना रुके ही
थम थम के चले
आहिस्ता जले
अनुभव की राह ।
बीते जो दिन
विगत के सपने
आँखों मे डोले
अनजाने में ही
कभी अमृत
कभी जहर घोले ।
कितना जिये
बूँद बूँद पिये वो
दर्द के घूँट ।
और कितना जिये

बेबस बुढापा

खुद से ही लड़ता

बीते ख़्वाब सँजोता ।।

दीवाली

बहने लगी
हर एक दिशा से
ज्योति की धारा
कितना अद्‌भुत है
यह नज़ारा ।
पथ गली द्‌वारों पे
जगमगाये
अगणित दीपक
जलती बाती
रोशनी से नहाये ।
खील बतासे
करते हैं ठिठोली
घर घर में
पुजें लक्ष्मी गणेश
मिटे कलेश
बहे सुख की धारा

सुखमय हो
सदा समुन्नत हो
यह संसार सारा ।

बजी बाँसुरी

खेल खिलौने
मस्त खेलते छौने
बड़े सलोने।
मिटी शक्ति आसुरी
बजी बाँसुरी।
ग्वाल बालों के संग
चरतीं गायें
बछड़े भी रँभायें
नदी किनारे।
बजती पायलिया
राधा रानी की
श्याम गोपियाँ मिल
सब रास रचाये।

कुछ अनकहा

खूबसूरत
यादों को सहेजते
मासूम पल।
गुजरती हैं रातें
बेचैनियों में
डूबती उतराती
चाँद गवाह
गिनता करवटें
मौन प्रहर
पल पल कटती
लम्बी रजनी
बह रही खामोशी
हवा के साथ
टपक रहे आँसू
भीगने लगीं

सुमन पंखुरियाँ
घास औ तरु पात ।।

मनमोहन

प्रेम सघन
तिरछी चितवन
मोहती मन
मेरे मनमोहन
करूँ नमन
चलिये वृंदावन
जमुना जल
करता छलछल
हवा उड़ाती
तरुवर अंचल
पात विकल
पंछी का कलरव
लगा गूँजने
मृदु मादक स्वर
अमर बना

शुभ यादों का पल
महके अंतस्तल ।

सूर्योदय

विगत निशा
प्रसव वेदना से
हुई व्याकुल
पीताभ पूर्व दिशा।
रक्त रंजित
जन्म लेता सूरज
माता है प्राची
आँचल से पोंछती
रक्तिम देह
लुटाती निज नेह
हँसता रवि
बिखरने लगतीं
स्वर्णमयी रश्मियाँ।

विरही मन

रात अकेली
चली आती सताने
विरही जन
भरते ठंढी आहें
नैन निहारें
प्रियतम की बाट
त्यागें निराशा
हो मिलन प्रभात
दिन या रैन
सदा रहें बेचैन
मिले न चैन
अजब है दुश्वारी
मन बेचारा
होता रहे विकल
प्राण फँसे ज्यों

दुख के दलदल

सहता पल पल ।

प्यास

कैसा सावन
तृषित है मयूर
भूला नर्तन
सूखा है मधुवन ।
अब तो यहाँ
न रही हरियाली
न बादलों के
आगमन की आस
बच रही है
अब केवल प्यास ।
रहें बेचैन
मुरझाये अधर
पूछे पपीहा
पी कहाँ पाऊँ कहाँ
कोयल काली
हुई न मतवाली

फिर भी यह
बैठ सूखी डाल पर
करे पुकार -
हे निर्मम बादल !
आ इस बार
धरती है बेहाल
होता ही नहीं
अधिक इंतज़ार
बरसा जलधार ।

वाद्य संगीत

अद्भुत शक्ति
संगीत की विधाएँ
कोई भी वाद्य
सभी होते सक्षम
मन को शांति
शीतलता देने में
जरूरी हो तो
या समयानुसार
वीर भावना
जागृत करने में।
युद्ध काल में
तोप सम गरजें
सैनिकों में हो
उत्साह का संचार
कोप प्रसार
जोड़ दिया करते

दिल से दिल

दिला देते मंजिल

होती नहीं मुश्किल ।

प्यारी बिटिया

प्यारी बिटिया
लेकर मैं गोदी में
पालूँगी तुम्हें
तुम्हारी तक़दीर
लिखेंगे हाथ
बचा कर रखूँगी
बुरी दृष्टि से
तेज बरसात से
तीखी धूप से
नहीं पड़ पायेगी
कोई कुदृष्टि
तेरे स्त्री तन पर
रख लूँ तुझे
आँचल की छाया में
दिल में छुपा कर ।

नींद

गद्दा तकिया
कब है तलाशती
आकुल नींद
खाट हो खरहरी
या बे चादर
पथरीली जमीन
बने बिस्तर
उढ़ा देता चादर
नीला अम्बर।
गहरी नींद
देखती न सपने
ढूँढ़े न पंखा
ठंढक पहुंचातीं
स्वेद की बूंदें
मित्रता हैं निभाते
डाँस मच्छर।

पवन की परियाँ

सुनाती हैं लोरियाँ।

रात अँधेरी

रात अँधेरी
लगती है डराने
जगमगाते
उड़ते ज्यों जुगनू
टिमटिमाते
चमकते सितारे
भली लगती
पवन सुगन्धित
नदी किनारे
लहरों का संगीत
ले दिल जीत
उमस भरे पल
कहीं खो गये
सम्मुख मन के
स्वप्न सुहाने
जीवित रहने के

सभी बहाने ।

हिलमिल पुकारें

ज़िन्दगानी सँवारें ।

किसान

शुष्क तरु की
गिरायी हुई शाख
किनारे बैठा
दुखी होता किसान
करने लगा
अपनी बराबरी
तरु शाखा से ।
ऐसा ही निरर्थक
हुआ जीवन
टूटती जाती आस
मन निराश
हो रहा निरुपाय
हुई न आय ।
कंधे पर है लदा
कर्ज का बोझ
टूटा हुआ मकान

बेटी जवान
झगड़ रहा बेटा
बेरोजगार।
जल जायेगा काष्ठ
एक ही बार
सुलगता रहेगा
हुआ बेबस
कई कई दिवस
जिंदा रखेगी
एक क्षीण सी आस
जलती हुई
लालटेन सदृश
जब भी होगा
परिस्थिति पे वश
जीवन में सुयश।

मूढ़ मनुष्य

घना विपिन
नहीं देता दिखाई
काटते काष्ठ
बाबा ताऊ व भाई
वृक्ष न लगायें
बस काटते जायें
चिंता न करें
उज्ज्वल भविष्य की ।
कुछ तो सोच
कैसे मिल पायेगी
जीवन वायु
बिना पादप उगे
जीना दुश्वार
न मिले ऑक्सीजन
टूटेगी श्वांस
कुछ तो कर चिंता

लगता है डराने

काला आगत

नेत्रों को चाह

हरे भरे दृश्य की ।

होते अदृश्य

जीवन उपधान

मूढ़ मनुष्य

रख इसका ध्यान

प्रकृति का सम्मान ।

कोरोना

करोना रोग
विषाणु से उत्पन्न
न करें स्पर्श
सदैव सावधान
एक दूजे को
बनी रहें दूरियाँ
सख़्त नियम
जो हों मजबूरियाँ
लगाएं मास्क
नहीं हो आलिंगन
न मिलें हाथ
करिये नमस्कार
धोइये हाथ
दिन में कई बार
बिना झिझके
रखें दूर से रिश्ते

लें हाल चाल

नेट मोबाइल से

नोट न सिक्के

करिये भुगतान

नेट जरिये

हो रहा नुकसान

धन जन का

ईश्वर पे भरोसा

बनाये रहें

मत हों हलकान

नहीं जायेगी जान।

फ़रियाद

गयी मंदिर
खोलिये विप्रवर
आयी हूँ द्वार
खोल दीजे किवाड़
कहाँ हैं इष्ट ?
दर्शन है अभीष्ट
कितनी बार
खुशियों की दस्तक
पड़ी सुनाई
याद क्यों नहीं आया
हरि का द्वार ?
आया है यमराज
करे पुकार
खटखटाये द्वार
तभी तो आयी
भगवान की याद

क्यों सुने फ़रियाद ?

पट हैं बंद

शासन का आदेश

न हो दर्शन

पुकारो हृदय से

करो भजन

करते रहो याद

सच्चे दिल से

सुनाओ फ़रियाद

वो सुनेगा जरूर ।

सूर्यास्त

ढलती शाम
थकान से शिथिल
पारद गोला
हो गया रक्तवर्णी
ढलक गया
सागर की गोद में
बिखरी लाली
लाल रंग का जल
हो गयी लुप्त
खिली हुई रौशनी
छाया अँधेरा
तिमिर डाले डेरा
भू के आँगन ।
जगमगाये दीप
उड़े जुगनू
झाँकने लगा देखो

दूज का चाँद
क्षितिज के छोर से
झिलमिलाई
तारों जड़ी चूनर
किरणों की बौछार।

डरेगा कोरोना

सुन कोरोना
जानें स्नेह संजोना
नहीं चलेगा
तेरा ये जादू टोना
लेंगे प्रकाश
रह कर आवास
करें प्रणाम
बोलेंगे राम राम
न मिले हाथ
दूर दूर का साथ
यूँ ही निभेगा
कोरोना भी डरेगा
देगा वो साथ
जो जगत का नाथ
कर नमन

शुद्ध हो तन मन

सुखमय जीवन।

निर्मल गंगा

हुआ विमल
निर्मल गंगाजल
पापनाशिनी
लगती आह्लादिनी
उज्ज्वल धारा
हो रही प्रवाहित
जग की श्रद्धा
भी हुई समाहित ।
यूँ ही सदैव
चाहिये सजलता
अभिलषित
सतत निर्मलता
प्राण प्रवाह
जीवन का निर्वाह
रखना याद
चपल मछलियाँ

जल के जंतु
करते फ़रियाद
अब के बाद
बना रहे संकल्प
दूसरा न विकल्प ।

उच्च और लघु

ये गिरिवर
उच्चता के प्रतीक
जीवन सार
करते हैं स्वीकार
शीश पे रज
बिना किसी कारज
शरणागत
प्रेम का हक़दार।
कभी न देना
लघु देख दुत्कार
बने सदैव
लघु से ही महत
पाँच ही तत्व
निर्मित हो जगत।
नन्हीं सी सुई
होने न दे लज्जित

भले कमा लें
धन अपरिमित ।
छुएँ नयन
स्वप्नों का आसमान
पाँव के नीचे
धरती पहचान
नन्हे बीज में
छिपा तरु आकार
अनुपम विस्तार ।।

प्रातः भ्रमण

खिला सुमन
मोहने लगा मन
मुग्ध नयन
तृप्त हृदय तन ।
सुखद वायु
लायी चन्दनी गन्ध
मलयानिल
तुष्ट नासिका
शीतल स्पर्श
जगाने लगा हर्ष
प्रातः भ्रमण
वदन प्रफुल्लित ।
स्वस्थ शरीर
स्वस्थ मन मस्तिष्क
यही प्रयास

मानसिक विकास

बढ़ता निरन्तर ।।

मानव और प्रकृति

मानव बने
प्रकृति का भूषण
न हो दूषण
प्रदूषण से मुक्त
स्वच्छ जगत
धरा पर उतरे
स्वर्ग सदृश।
करतीं प्रवाहित
निर्मल जल
सरिताएँ पावन
मनभावन
सुखद परिवेश
स्वप्न देश सा।
तरु पादप
सदा ही फलें फूलें
मनुष्य झूलें

उनकी डालों पर
डाल हिंडोला
सुंदर कामिनियाँ
गीत सुनाएँ
पंछियों के स्वर से
स्वर मिलाएँ
सुगन्धित हवाएँ
छुएँ जो तन
आत्मा करें प्रसन्न
जीवन मानें धन्य ।

नीलकण्ठ

हमने देखा
नीलकंठ पक्षी को
याद आ गया
शिव का नीला कंठ
पिया था विष
जलनिधि उद्भूत
जलाता विश्व
अत्यंत विनाशक
मृत्यु का दूत
सृष्टि की रक्षा हित
प्राणों का पण
धार लिया कन्ठ में
अभयदान
शंकर त्रिपुरारी
शिव त्रिशूल धारी ।।

विनती

जगदम्बिका
जगत की जननी
करे सुरक्षा
प्रत्येक विपदा से
दया का हाथ
रखें मस्तक पर ।
मंदिर द्वार
होती जै जयकार
श्रद्धा सहित
रहे मुख निहार
करुणामयि
शरणागत जन
चाहें उद्धार ।
करना सदा माता
विरद का विचार ।।

नाव अकेली

हे महाकाल
उज्जयिनी निवासी
केदारनाथ
या फिर रहो काशी
आँखें हमारी
हैं दर्शन की प्यासी।
चरण सेवा
भक्त करते देवा
रुष्ट हुए क्यों
किया काल कलेवा।
भूल हुई तो
दे दो क्षमा का दान
दुखिया जन
चाह रहे कल्याण।
दया के दाता
तुम्हीं भाग्यविधाता

नाव अकेली

भीषण मंझधार

लगा दो पार

अघमय संसार

मुक्तिदा गंगधार ।।

गृह उद्योग

सागर तट
डाल जातीं लहरें
मणि मुक्ताएँ
रेत के ढेर पर
अमूल्य धन
शंख और सीपियाँ
चुन लें जातीं
नित्य मछुआरिनें
आँचल भर
सिंधु का वरदान
जीविका हित
सहेजती रहतीं
कई वस्तुएँ
करती हैं निर्मित
बंदनवार
मनोहर लड़ियाँ

छोटे व बड़े

सजते घर द्वार

गृह उद्योग

करे जन उत्थान

जीवन का सम्मान ।।

बरखा

साँवली घटा
लगी है बरसने
मोती सी बूँदें
लगतीं टपकने
घन गर्जन
कम्पित तन मन
छूते ही जल
उठती सिहरन।
पल भर को
बिजली चमकती
चौंक उठते
चुँधियाते नयन।
नीला अम्बर
नज़र नहीं आता
धूसर घटा
लगा लेती है छाता।

पवन गति
कभी मंद रहती
कभी हो तीव्र
व्याकुल कर देती ।
प्यासी धरती
बुझ जाती पिपासा
हँसे किसान
जगती नव आशा ।
खिलता रहे
यों ही धरा का रूप
जगीं उमंगे
वक्त के अनुरूप ।
उड़े तितली
गुंजार करें भौंरे
खुलते जायें
सुरभि के कटोरे
छलके मद
बिखरता पराग
सोयी कामना
फिर से जाये जाग
बिखरे अनुराग ।।

श्याम

नन्द के घर
मथती नवनीत
मैया यशोदा
मनमोहन हित
सोया कन्हैया
सपनों की नगरी
खोया कन्हैया।
नन्द का छौना
यशोदा का खिलौना
गोपी औ ग्वाल
हो जाते हैं निहाल
राजा का लाल
देख सुघर रूप
आयीं सखियाँ
खिल जातीं अँखियाँ
लेतीं बलाएँ

देतीं आँचल भर
शुभ कामना।
नटखट की बातें
चंचल घातें
मधुर मुलाक़ातें।
श्याम की छेड़
प्यारी सी मुठभेड़।
बढ़ातीं प्रीत
खिलातीं नवनीत
मुग्ध हो सुनें
मधुर वंशी धुन
बताती रहें
साँवरिया के गुण
छिपायें अवगुण।।

भोर की बेला

खिला सुमन
सजता उपवन
रंगबिरंगे
विविध वर्ण वाले
खोलें अधर
मधु मदिरा प्याले।
पुष्पों के गुच्छ
झूमे डालियों पर
ओस की मुक्ता
पुष्प पंखुरियों पर
बनाती हार
सुबह की किरण
वातावरण
हो गया प्रफुल्लित
महकी हवा
घुल गया तनाव

जगता चाव

बिखरती खुशबू

करती जादू

मोह लेती हृदय

खिलती कली

मंडराती तितली

भौरों के झुंड

लूटते मधु कुंड ।

भोर की बेला

तन मन प्रसन्न

दुख बने विपन्न ।।

हमारा देश

भारत देश
षड ऋतु सम्पन्न
प्रशंसनीय
हरीतिमा से युक्त
विविध वर्ण
भिन्न भिन्न भाषाएँ
फिर भी एक
न कोई अतिरेक
जन सज्जन
करें अनुरंजन
परोपकार
संवेदनशीलता
प्रमुख गुण
पर दुख कातर
मृदु अंतर
नदियाँ माता सम

वृक्ष देवता

योगमय जीवन

योग कराता

श्वांसों का संयमन

आत्मा का ज्ञान

सुखप्रद दर्शन

स्नेह की डोर

प्यार भरा जीवन

आह्लाद भरा मन ।।

ग्रामीण परिवेश

अति सुंदर
नित सराहनीय
वातावरण
ग्रामीण परिवेश
सुंदर खेत
कलकल करती
सरस नदी
कूप और तालाब
उन्नत खेती
खपरैल के घर
रोक हैं लेते
तपती हवाओं को
मुग्ध करती
लिपी पुती देहरी
पहने सदा
सुंदर परिधान

छोटों का मान
ज्येष्ठ पाते सम्मान
मर्यादा पूर्ण
स्नेह भरे सम्बन्ध
अदृश्य अनुबंध ।।

एकता

एक व एक
जब भी मिल जाते
ग्यारह होते ।
नन्हे तिनके
बहुत सुकोमल
अति निर्बल
आपस में बंटते
कई तिनके
बन जातीं रस्सियाँ
बाँध हैं लेतीं
मतवाले गज को ।
मिले जो साथ
बढ़े आत्म विश्वास
होने लगता
शक्ति का प्रदर्शन
शत्रु की हार

निश्चित होती जीत
कभी न हारे
मिलते जब सारे
बजें जय नगाड़े ।

युद्ध

वो कुरुक्षेत्र
जैसे धरा का नेत्र
देखता युद्ध
असत्य के विरुद्ध
न्याय के लिये
अन्याय का विनाश
कुटिल चालें
नियम कानून की
उड़ती धज्जी
अस्त्र शस्त्र प्रहार
जीत औ हार
मिटी स्नेह श्रृंखला
भाई भाई का
रक्त सम्बन्धियों का
द्वेष विकार
रक्तपान की प्यास

बढ़ती घृणा

गिरते नर मुंड

वार प्रचंड

रक्तिम भूमि भाग

हवन अनुराग ।।

बच्चा

नन्हा सा बच्चा
सुंदरता की खान
प्यारी सन्तान
बढ़ाये आन बान
माता करे दुलार
पिता की शान
करते अभिमान।
न भेद भाव
रखे मात्र लगाव
मन का सच्चा
ईश्वर का स्वरूप
निश्छल मन
निर्मल निरासक्त
छल प्रपंच
लालच मोह माया
नहीं लुभाती

अपनाता समता

चाहे नित ममता ।।

तिरंगा

तिरंगा ध्वज
राष्ट्र की पहचान
हमारी शान
मुखड़े की मुस्कान
बढ़े प्रतिष्ठा
सम्पूर्ण जगत में
तीन ही रंग
केसरिया श्वेत हरा
भावों से भरा
रंग केसरी
वीरता का प्रतीक
योग वैराग्य
इसमें समाहित ।
रंग सफ़ेद
निर्मलता की लीक
कहे सदैव

सादगी भरी भाषा

सबकी आशा

स्वच्छता का विचार

शांति प्रणेता ।

रंग ये हरा

दिखाता हरियाली

समृद्धि प्याली

सम्पन्नता प्रतीक

धन आगम ।

लहराता ही रहे

ऊँचे नभ में

अनन्त काल तक

सदा ही रहे

भव्य भावोत्पादक

भारती का सम्मान ।

जननी

जन्म दायिनी
स्नेह भरी पालिका
स्वभाव से ही
जन्मजात जननी
नन्हीं बालिका
गर्भ में सहेजती
नौ मास तक
सहती कई कष्ट
रखती ध्यान
शिशु का ही कल्यान
प्रिय सन्तान।
जन्म के उपरांत
देती जीवन
बहने नहीं देती
आँखों से आँसू
कर शुश्रूषा

पीड़ा करती दूर
पाल पोस के
करती पुष्ट बड़ा
पैरों पे खड़ा
कोई भी नहीं होता
माँ जैसा स्नेही
जननी से महान
कर कल्यान
दुख को निवारती
तन मन वारती।

इंद्रधनुष

इंद्रधनुष
समेटे सात रंग
देता उमंग
बालकों को आनन्द
है कर देता
हृदय आलोड़ित
सृष्टि के रंग
इसमें समाहित
इसे उठाता
जगत रचयिता
भरने हित
उमंग भरे रंग
सूनी सृष्टि में।
लिये सुख सम्भार
जगदाधार
अनुपम सृष्टि में

होता साकार

देता शुभ दर्शन

स्व का आभास

बना रहे विश्वास

सतत हो प्रयास ।

मन्दिर

आस्था की पूंजी
विश्वास के भवन
हरि आगार
पूजे सब संसार
पायें आश्रय
आशा और विश्वास
न हों निराश
सांसारिक कष्टों से
नश्वर देह
उपजाती सन्देह
बने आसरा
लोभ मोह काम का
टूटती आस
मन होता निराश
टेरे मन्दिर
सुबह और शाम

है भर देता
हृदय में उत्साह
नव संचार
भज प्रभु का नाम
मिले विश्रांति धाम।

हवा

चले पवन
करे सनन सन
देती जीवन
कर अभिनन्दन ।
मन उन्मन
होता रहे संचार
घुटे न श्वांस
पाकर शुद्ध वायु
बढ़ती आयु
तन मन प्रफुल्ल
प्रकृति प्रेम
असम्भव जीवन
वायु के बिना
देह में स्थित
कहलाती है प्राण
योग के प्रेमी

करते संयमित
प्राण वायु को
सुंदर स्वास्थ्य
खूबसूरत देह
पाती है स्नेह
पवन ही करता
जल निर्माण
पाकर तरलता
प्रसन्न विश्व
रहता सुसम्पन्न
देता वायु ही अन्न ।

समुद्र

विभु आकार
अनन्त है विस्तार
जल भंडार
रत्नों का है आगर
क्षार समुद्र
अदभुत सौंदर्य ।
जल के जीव
भिन्न भिन्न प्रकार
पाते हैं वास ।
हैं उत्ताल तरंगें
करतीं भीत
ब्रह्म सृष्टि आधार
लुटाता प्यार
मल्लाह परिवार
पाते जीविका ।
जगत में प्रसिद्ध

सप्त सागर
शेषशायी श्रीविष्णु
करें निवास ।
क्षीरोदधि के मध्य
यहीं भास्कर
करता है विश्राम
सान्ध्य सुंदरी धाम ।।

नदी

बहती नदी
जैसे गुज़रती सदी
वक्त बहता
पानी के साथ साथ ।
उत्तुंग शिखर
पर्वत श्रृंखलाएँ
कठिन राह
है ऊबड़ खाबड़
प्रस्तर ढेर
बलखाती बहती
नहीं रुकती
पाये बिना मंजिल
दूर किनारे
कभी नहीं मिलते
देखा करते
नज़र भर भर

स्नेहिल दृष्टि
कृष तन सरिता
पा बरसात
हो जाती उल्लसित
उफ़न जाती
बहती चली जाती
तोड़ करारे
विनाश का तांडव
जल दायिनी
जीवन का आधार
करती नष्ट
अपनी ही मर्यादा
बरखा बाद
उतर जाता जल
होती तब निर्मल ।

शिव

कल्याणकारी
सदैव त्रिपुरारी
वो सदाशिव
जन जन रक्षक
जीवनदाता
वही भाग्यविधाता।
शिव शंकर
हमेशा आशुतोष
देता सन्तोष
सहज ही प्रसन्न
बिना विचारे
पूर्ण करता कामना
रखता ध्यान
सदा भक्त जनों का।
चाहता प्रेम
सहजता का भाव

मन जुड़ाव
त्याज्य है आडम्बर।
बना अघोरी
मसान भूति धारी
हिम में वास
पहने बाघम्बर
भूतों के संग
करता हुड़दंग।
जटा में गंगा
नागों का रखवाला
कैलाशवासी
चन्द्रमा से सज्जित
डमरू वाद्य
देता अक्षर ज्ञान
तीक्ष्ण त्रिशूल
बना सदा रक्षक
काल भक्षक
महान मृत्युंजयी
शक्ति का पुंज
हिमगिरि निवासी
शिव कैलाशवासी।

www.ingramcontent.com/pod-product-compliance
Lightning Source LLC
LaVergne TN
LVHW050414160726
843469LV00041B/1071

* 9 7 8 9 3 5 4 5 8 5 9 8 2 *